# The First Day of...

## El primer día de...

# RAMADÁN

### Edición bilingüe / Bilingual edition

by **Wendy Díaz**

illustrated by **Uthman Guadalupe**

Published by Hablamos Islam, Inc. Second edition, 2020.

Written by Wendy Díaz.

Illustrated by Uthman Guadalupe.

ISBN 9798638454012

www.hablamosislamninos.com

Publicado por Hablamos Islam, Inc. Segunda edición, 2020.

Escrito por Wendy Díaz.

Ilustraciones por Uthman Guadalupe.

**Dear reader,**

**Thank you for your support. In this book, you will learn about some of the Islamic customs and practices that take place during the month of Ramadan. You may see some words you have never heard before, but you can find their meaning within the text using context clues or you can look up their definition in the bilingual dictionary in the back of the book. I hope you enjoy it. For more books by Wendy Díaz and Hablamos Islam, like and follow @hablamosislam and @authorwendydiaz on social media.**

**Thanks again! Happy Ramadan!**

**With love,**

*Wendy Díaz*

Querido lector,

Gracias por su apoyo. En este libro aprenderás sobre las tradiciones y prácticas islámicas que se realizan durante el mes de Ramadán. Quizás veas algunas palabras que nunca habías escuchado, pero puedes encontrar su significado usando claves de contexto o buscando dentro del diccionario bilingüe al final del libro. Espero que lo disfrutes. Para más de la autora, Wendy Díaz, y de Hablamos Islam, favor de darle "me gusta" y seguir @hablamosislam y @authorwendydiaz en las redes sociales. Gracias nuevamente y feliz Ramadán.

Con mucho amor,

*Wendy Díaz*

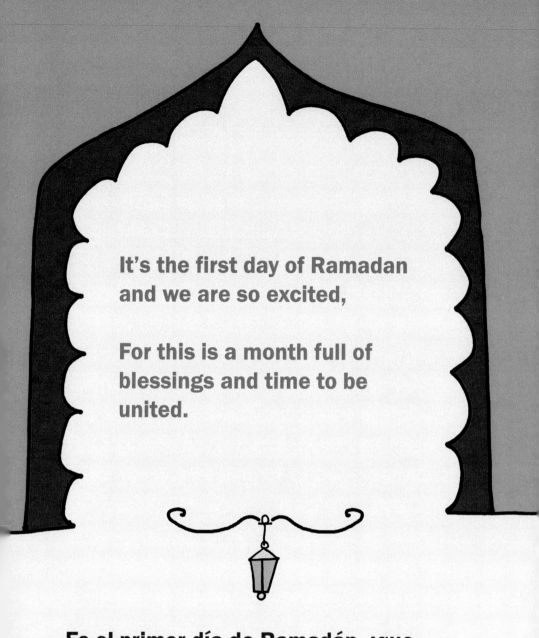

It's the first day of Ramadan and we are so excited,

For this is a month full of blessings and time to be united.

Es el primer día de Ramadán, ¡que emoción!

Es una temporada hermosa y una gran bendición.

Ramadan is like no other time of the year,

To do extra good deeds and give charity to those far and near.

Ramadán es un mes lleno de felicidad,

Es hora de hacer buenas obras y de dar la caridad.

While it is still dark outside and after a good night's rest,

We wake up to eat suhur, our special breakfast.

Antes de comenzar el día, cuando todavía está oscuro,

Nos despertamos para comer el sujur: nuestro desayuno.

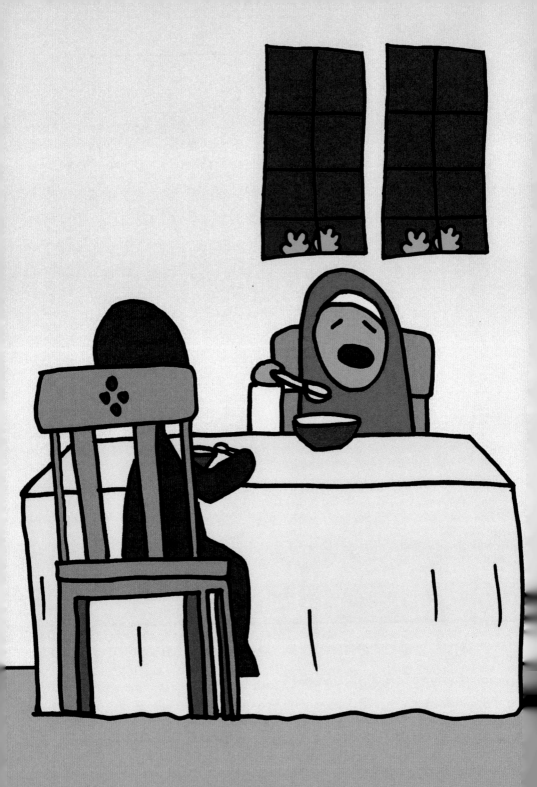

We fill our bellies up so we can be strong,

And concentrate on being good even if the day feels long.

Llenamos nuestras barriguitas para mantener la energía,

Que necesitamos para hacer el bien para el resto del día

When the time for Fajr comes,
we line up to pray,

And officially begin our very
first fasting day.

Cuando llega la hora de Fayr, nos
vamos a rezar,

Y luego todos comenzamos
oficialmente a ayunar.

It is not only about stopping our eating and our drinking,

We must not get angry, argue, or lie, and be positive in our thinking.

No solo se trata de abandonar la comida y la bebida completamente,

Sino también de portarnos bien y mantenernos pacientes.

We try our best to earn the ultimate reward,

Praying, being kind, and only speaking good words.

Nos concentramos en complacer a Alá para ganar la recompensa,

Rezando, suplicando, y tratando bien a los demás.

We spend a lot of time
meditating and reading,

And we think of how we can
help in feeding the needy.

Pasamos nuestro tiempo leyendo,
estudiando y meditando,

Y pensamos en cómo podemos ayudar
a los más necesitados.

In the afternoon I join my mother in preparing the food,

She cooks and bakes her best dishes to share with others, too.

Por la tarde me dedico a ayudarle a mi madre a cocinar,

Mientras prepara sus comidas preferidas que vamos a compartir y disfrutar.

Now our meal is ready and just in time for the adhan,

It is time to pray Maghrib and time to end our fast.

Ya está todo listo, y justo a tiempo para rezar,

Con el llamado a la oración de Maghrib, terminamos de ayunar.

We break our fast quickly with a date, juicy and delicious,

And a little bit of water for this is the Prophetic tradition.

Rompemos el ayuno rápido con un dátil muy sabroso,

Y un poquito de agua porque esa es nuestra tradición.

We line up to pray, foot to foot, and side by side,

And when we finish, we sit down to eat until we are satisfied.

Rezamos juntos en fila, toda la familia unida,

Al terminar nos sentamos para disfrutar de una deliciosa comida.

What a blessing it is to have food after feeling so hungry,

We thank Allah so much for always giving us plenty.

Que bendición es poder comer después de sentirse hambriento,

Le damos las gracias a Alá por siempre darnos sustento.

During this special prayer, the Imam recites the whole Quran,

One out of thirty parts each day, like a beautiful melodious song.

Cada día una parte, hasta que las treinta terminamos,

Disfrutamos de los versos melodiosos mientras suplicamos.

Now, we go back home; it's time to get some rest,

Fasting this blessed month really is the best.

Ahora regresamos a la casa, es hora de descansar,

Que bien se sintió ayunar hoy con nuestra comunidad.

One day down and twenty-nine more to go,

Ramadan is so much fun; I can't wait until tomorrow!

Un día terminó, faltan veintinueve más,

¡Que divertido es este gran mes de Ramadán!

# BILINGUAL RAMADAN VOCABULARY

## Vocabulario bilingüe del mes de Ramadán

**ADHAN** - The call to prayer.

**ADHAN** - El llamado a la oración.

**ALLAH** - The proper name for the One God; the Creator.

**ALLAH O ALÁ** - El nombre propio del Dios Único; el Creador.

**FAJR** - The first obligatory prayer of the day which is offered before sunrise.

**FAYR** - La primera oración obligatoria del día que se realiza antes del amanecer.

**IFTAR** - The food with which the daily fast is broken.

**IFTAR** - La comida con la que se rompe el ayuno diario.

# BILINGUAL RAMADAN VOCABULARY

Vocabulario bilingüe del mes de Ramadán

**IMAM** - The one who leads the congregational prayers.

**IMÁN** - El que dirige las oraciones en congregación.

**ISHA** - The fifth obligatory prayer of the day which is offered at night.

**ISHA** - La quinta oración obligatoria del día que se realiza en la noche.

**MAGHRIB** - The fourth obligatory prayer of the day which is offered at sunset.

**MAGHRIB** - La cuarta oración obligatoria del día que se realiza durante la puesta del sol.

# BILINGUAL RAMADAN VOCABULARY
## Vocabulario bilingüe del mes de Ramadán

**PROFETA MUHAMMAD** - Para los musulmanes, él es el último profeta que Alá envió a la humanidad para enseñar el monoteísmo.

**PROPHET MUHAMMAD** - For Muslims, he is the last prophet chosen by Allah to teach humanity about monotheism.

**RAMADAN** - The ninth month of the Islamic lunar calendar in which Muslims practice daily fasting from dawn until sunset.

**RAMADÁN** - El noveno mes del calendario islámico en el que los musulmanes practican el ayuno diario desde el alba hasta la puesta del sol.

**SUHUR** - Food that is consumed before Fajr with the intention of fasting for the rest of the day.

**SUJUR** - El alimento que se consume por la madrugada, antes del fayr con la intención de ayunar el resto del día.

# BILINGUAL RAMADAN VOCABULARY
## Vocabulario bilingüe del mes de Ramadán

**TARAWIH** - The voluntary night prayer offered during the month of Ramadan after Isha. It is common for the entire Qur'an to be recited during this prayer throughout the course of Ramadan.

**TARAWIH** - La oración nocturna voluntaria que se realiza durante el mes de Ramadán después de Isha. En las mezquitas se suele recitar el Corán entero durante esta oración en el transcurso de Ramadán.

# THE RAMADAN SONG

Here comes Ramadan,

Here comes Ramadan,

The month in which Allah revealed the Quran.

Come on and fast together with me,

And to the needy we will give charity.

Because this month is all about sharing,

And spending our time reading and praying.

Finishing the Quran is our greatest goal,

It's a blessing for Muslims, young and old.

Ramadan, Ramadan, it's the fasting month!

Ramadan Mubarak.

Ramadan Kareem!

# LA CANCIÓN DE RAMADÁN

Ya viene Ramadán,

Ya viene Ramadán,

El mes en que Allah reveló el Corán.

Vamos todos a ayunar,

y a la gente pobre le daremos caridad.

Porque este mes es para compartir,

y en las noches rezaremos tarawih.

Vamos a completar leyendo el Corán.

Es una bendición para todo musulmán.

Ramadán, Ramadán, es el mes de ayunar.

Ramadán Mubarak.

¡Ramadán Feliz!

Made in the USA
Columbia, SC
08 July 2022

63050773R00027